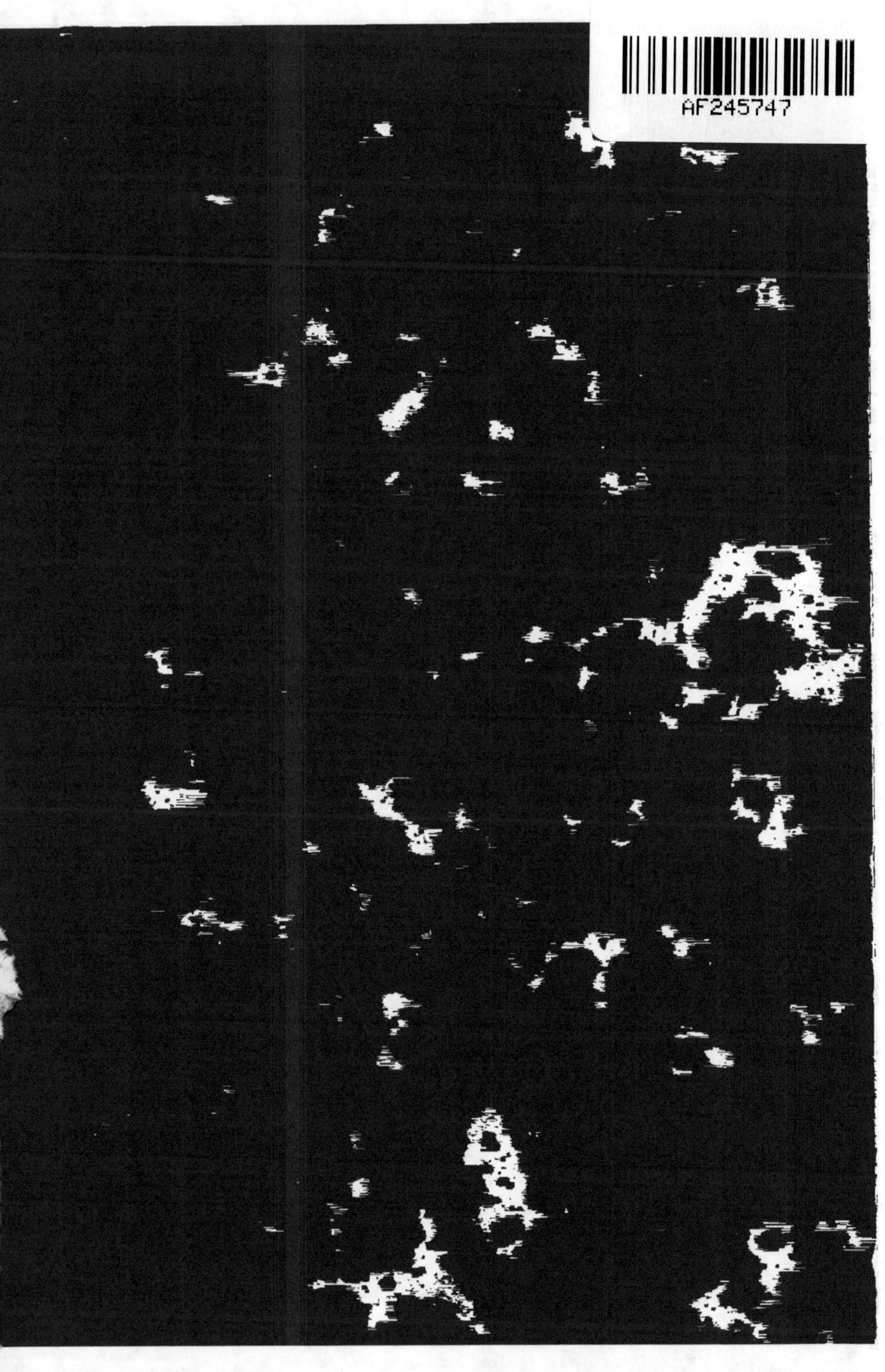

L 27/n 20103.

NOTICE HISTORIQUE

SUR

VAUBAN.

DE L'IMPRIMERIE D'AD. MOESSARD,

RUE FURSTEMBERG, N° 8, ABBAYE-SAINT-GERMAIN.

NOTICE HISTORIQUE

SUR

VAUBAN,

PAR

LE GÉNÉRAL CHAMBRAY,

DE L'ACADÉMIE ROYALE DES SCIENCES ET BELLES-LETTRES DE PRUSSE.

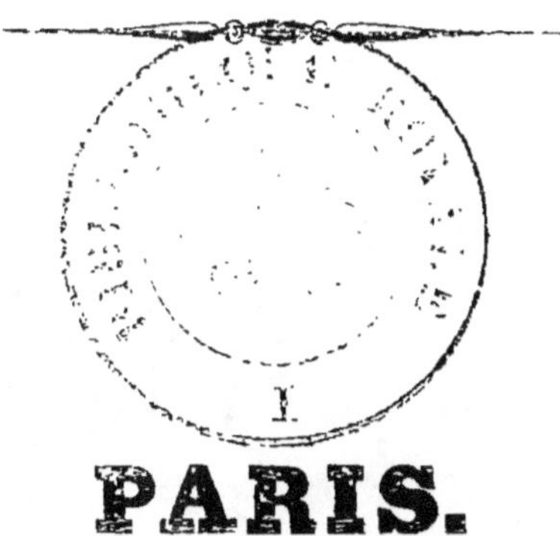

PARIS.

J. CORRÉARD Jne, RUE DE TOURNON, Nº 20.

1835.

NOTICE HISTORIQUE

SUR

VAUBAN,

né le 15 mai 1633 ; mort le 30 mars 1707.

Avant le règne de Henri IV, des Italiens exerçaient presque tous les emplois d'ingénieurs, en France et dans les autres armées de l'Europe ; ce fut pendant les guerres civiles qui précédèrent l'avénement du grand Henri au trône de France, guerres dans lesquelles il joua le principal rôle, que l'on commença à se servir d'ingénieurs français.

Sully, célèbre par ses faits d'armes, plus célèbre encore comme administrateur, acquit aussi beaucoup de réputation comme ingénieur, et fut tout à la fois premier ministre, surintendant des finances, grand-maître de l'artillerie, et surintendant des fortifications et des bâtimens du Roi. Dans le même temps se distinguaient Jean Errard de Bar-le-Duc et Claude de Châtillon. Errard eut un fils et un neveu qui marchèrent sur ses traces; il fut le premier en France qui écrivit sur la fortification (1), et presque aucun des principes qu'il a posés n'a vieilli. Châtillon fut père, aïeul et grand-père de braves et savans ingénieurs. Ce fut à cette même époque que l'on employa pour la première fois les lignes de contre-approche, et ce fut à Villars, qui défendit Rouen pour la Ligue contre Henri IV, que l'on dut ce perfectionnement. L'art d'attaquer et de défendre les places fit, pendant ce règne, des progrès marquans; les ingénieurs commencèrent à former un corps distinct, et, après la guerre civile, ils furent répartis dans les places; on leur donna le nom d'ingénieurs des camps et armées, et des villes ou provinces où ils étaient employés.

Sous le règne de Louis XIII, les charges de grand-maître de l'artillerie et de surintendant des fortifications furent séparées; de Ville, Pagan et Fabre acquirent de la réputation; chacun d'eux publia un cours de fortification, et l'art de l'ingénieur fit encore quelques progrès. On cite cette réponse du chevalier de Ville à Louis XIII, qui lui demandait ce qu'il en coûterait pour construire une citadelle : *Sire*, lui dit-il, *quand il s'agit de fortifier une place, il faut ouvrir la bourse et fermer les yeux.*

Mais ce fut sous le règne de Louis XIV, si fécond en grands hommes et en grands événemens, que le corps des ingénieurs brilla du plus vif éclat. Dès le début de ce règne, beaucoup d'officiers d'infanterie s'appliquèrent aux travaux

---

(1) *La Fortification démontrée et réduite en art*, par Jean Errard de Bar-le-Duc, 1594 : nouvelle édition par Alexis Errard, son neveu, 1620.

de l'attaque et de la défense des places ; chaque régiment comptait parmi ses officiers des ingénieurs volontaires. Les ouvrages qui avaient été publiés sur la fortification leur servaient de guides dans leurs études ; les officiers qui les avaient précédés dans cette carrière les aidaient de leurs conseils et de leurs leçons. On choisissait parmi les plus habiles le nombre d'ingénieurs nécessaires aux besoins du service ; ils recevaient des brevets, étaient détachés pour être employés dans les siéges et aux travaux des places, et comptaient pourtant toujours dans leurs régimens.

Cette époque est remarquable dans les fastes de l'art militaire, par un changement dans le système de guerre qui se fit particulièrement sentir après la mort de Turenne : la diminution des piques, suivie de leur suppression, par suite de l'adoption du fusil à baïonnette ; la substitution, pour l'infanterie, de l'ordre mince à l'ordre profond, ce qui fut une conséquence de ce changement d'arme ; l'augmentation de la force numérique des armées et de l'artillerie qu'elles traînaient avec elles ; l'usage de faire coucher les troupes sous des tentes, quand elles n'étaient pas cantonnées chez l'habitant ; l'habitude de leur faire des distributions régulières de vivres ; l'embarras occasioné par les convois de munitions, de vivres et de tentes ; le petit nombre des grandes routes (1) et leur mauvais entretien ; la difficulté de faire manœuvrer avec précision de si grandes armées, dont les soldats n'avaient pas d'uniformes, et n'employaient point encore le pas cadencé ; l'usage de prendre des quartiers d'hiver ; toutes ces circonstances réunies, apportant de grands obstacles à ce que l'on pût tout à la fois et facilement

____

(1) Il n'y avait que deux mille lieues de grandes routes à la fin du règne de Louis XIV : on en ouvrit six mille sous le règne de Louis XV.

alimenter et faire mouvoir les armées , imprimèrent à la guerre un caractère de lenteur extraordinaire.

On faisait beaucoup plus la guerre aux places, aux camps retranchés, aux positions , si l'on peut s'exprimer ainsi , qu'aux forces organisées; dans l'impossibilité de se mouvoir, on faisait des siéges pour faire quelque chose. La seule action de guerre de toute une campagne était quelquefois un siége qu'une partie de l'armée exécutait , tandis que l'autre partie le couvrait. Les ingénieurs étaient alors de tous les officiers de l'armée ceux qui jouaient le principal rôle , qui étaient le plus exposés , et ceux sur lesquels se fixaient le plus les regards.

Il résultait du mode que l'on suivait pour recruter le corps des ingénieurs , qu'il se remplissait d'officiers qui avaient une vocation prononcée et d'heureuses dispostions pour le genre de service auquel ils se destinaient , puisqu'ils s'étaient formés presque seuls. On obtenait ainsi des hommes de ressource , et qui étaient doués d'un zèle ardent , qualités les plus nécessaires à l'ingénieur; aussi à aucune autre époque le corps des ingénieurs militaires ne fut-il aussi remarquable, non seulement par les travaux de la guerre et par ceux qui furent exécutés pendant la paix , mais encore par les progrès que fit l'art de fortifier, d'attaquer et de défendre les places, progrès qui furent entièrement dus à Vauban , le plus célèbre ingénieur des temps modernes.

Sébastien Leprestre de Vauban naquit le 15 mai 1633 , d'Albin Leprestre , écuyer, et d'Edmée Cormignolt (1) , à

---

(1) Jusqu'à ce jour, tous les biographes et tous les panégyristes de Vauban se sont trompés sur son âge ou sur les prénoms de son père et de sa mère, et sur le nom de sa mère ; ce que j'en dis est extrait de son acte de baptême, que j'ai fait relever sur le registre de la paroisse de Saint-Léger-de-Foucheret.

aint-Léger-de-Foucheret, paroisse de cette partie de l'an-
ienne province de Bourgogne que l'on appelait le Morvan;
ette paroisse dépendait du bailliage de Saulieu, diocèse
'Autun, et est actuellement une commune du canton de
)uarré-les-Tombes, arrondissement d'Avalon, département
le l'Yonne.

Albin Leprestre était le cadet d'une famille de noblesse
ncienne, mais pauvre; cette famille possédait depuis long-
emps le fief de Vauban, qui relevait du duché de Nevers,
t qui était situé à environ cinq lieues de Saint-Léger-de-
'oucheret, dans la paroisse de Bazoches, dépendant de la
rovince de Nivernais; actuellement commune de Bazoches,
anton de Lormes, arrondissement de Clamecy, départe-
nent de la Nièvre. Ce fut le nom de ce fief que prit par la
uite Sébastien Leprestre, selon l'usage du temps, quoique
on père ne l'eût point porté, et il n'est connu que sous le
nom de *Vauban,* qu'il a rendu célèbre.

La vie publique de Vauban a été reproduite plusieurs fois;
es principaux traits appartiennent à l'histoire, dans laquelle
n les trouve épars; on a peu de détails sur sa vie privée,
qu'il serait si intéressant de connaître, et les recherches que
'ai faites pour remplir cette lacune ont été en grande partie
nfructueuses. Il existait pourtant un manuscrit qui m'aurait
'ourni de précieux matériaux, mais il est égaré ou détruit.

M. Dez, professeur de mathématiques à l'École militaire,
vait recueilli dans un cahier un grand nombre d'anecdotes
t de faits intéressans que lui avait racontés son ami, le marquis d'Ussé, qui les tenait de sa mère, fille de Vauban, ou
de Vauban lui-même. A la mort de M. d'Ussé, ce cahier,
confondu avec plusieurs autres manuscrits de Vauban, devint la propriété de mademoiselle d'Ussé, et ensuite d'une

douzaine d'héritiers collatéraux qui habitaient la Touraine : on n'a pu les retrouver depuis.

Ces renseignemens se trouvent dans une note inédite, concernant les ouvrages et les papiers du maréchal de Vauban, que M. Dez adressa en 1784 à M. de Villelongue, commandant l'Ecole du génie de Mézières ; cette note contient sur la vie privée de Vauban, et particulièrement sur la manière dont s'écoulèrent les premières années de sa jeunesse, quelques détails dont je ferai usage.

La Maison où naquit Vauban ne se distingue en rien des autres maisons du village de Saint-Léger-de-Foucheret ; elle se compose d'une seule et grande pièce, d'une petite grange et d'une écurie : le tout sous un même toît, recouvert en chaume. Elle était habitée, en 1776, par un sabotier, et l'est actuellement par un petit propriétaire.

Vauban, n'étant encore âgé que de dix ans, devint orphelin ; son père avait perdu au service sa vie et sa fortune ; le fief de Vauban était sous le séquestre. Le jeune Vauban se trouva sans ressources ; ses parens n'avaient d'ailleurs pu lui donner aucune éducation, et son enfance s'était écoulée au milieu des jeunes enfans de son village. C'est ainsi que fut élevé le grand Henri au milieu des pâtres des Pyrénées.

Le curé de Saint-Léger-de-Foucheret recueillit le jeune Vauban, lui apprit à lire, à écrire, un peu d'arithmétique, et à mesurer grossièrement ses champs. « Il faisait un peu, » dit M. Dez, les fonctions de domestique ; il avait soin du » cheval du curé, de son écurie, et se rendait utile à la cui- » sine et aux champs. » Le marquis d'Ussé, homme d'esprit, connu par plusieurs écrits, aimait à raconter cette circonstance de la vie de son illustre aïeul, qui avait dû surmonter tant de difficultés, étant parti de si bas, pour atteindre au plus haut degré de l'échelle militaire , sans aucun autre protecteur que son mérite.

Le jeune Vauban gémissait en secret du genre de vie qu'une nécessité cruelle le contraignait à mener. Entraîné par des souvenirs et par des exemples de famille, et sans doute aussi cédant à l'impulsion du génie qu'il avait reçu de la nature, il forme le projet d'embrasser la carrière des armes aussitôt qu'il se sentira la force de porter un mousquet. Il s'échappe donc de la maison du curé de Saint-Léger, en 1651 , lorsqu'il venait d'atteindre sa dix-huitième année; et, seul, à pied, sans ressources, il traverse la France pour aller s'engager dans le régiment d'infanterie du grand Condé , qui était alors à la tête du parti opposé au cardinal de Mazarin, et qui l'y admit comme cadet.

Condé devinait les hommes ! Vauban, peu de temps après son arrivée au régiment, était déjà officier, et l'année suivante il était employé aux fortifications de Clermont ; puis il fut envoyé au siége de Sainte-Menehould , où il servit comme ingénieur. Là , il se fit remarquer des deux camps en traversant la rivière d'Aisne à la nage , sous le feu de l'ennemi , au moment de l'assaut (14 novembre 1652).

Cette action d'éclat retentit dans le public, et fit parvenir, pour la première fois , de ses nouvelles à sa famille et dans son pays ; car on ignorait ce qu'il était devenu depuis sa fuite de Saint-Léger.

Si l'on considère l'origine des guerres civiles à la suite desquelles le prince de Condé prit la résolution coupable de porter les armes contre sa patrie dans les rangs espagnols, que l'on se rappelle quelles étaient les idées féodales du temps, que l'on ait égard à la noblesse des sentimens qui fit prendre à Vauban la résolution si hasardeuse de changer le genre de vie qu'il menait chez le curé de Saint-Léger contre la carrière des armes, on sera plus disposé à l'admirer et à le plaindre qu'à le blâmer.

On manque de détails sur les débuts de la carrière militaire de Vauban ; il est probable qu'il commença d'abord à mener de front l'étude et les armes, ainsi qu'il le fit toujours par la suite. Un ouvrage de fortification tombé par hasard entre ses mains, la vue des places fortes, peut-être les conseils de quelque ingénieur charmé de sa facilité et de son zèle, auront développé son génie naissant ; quoi qu'il en soit, ses débuts furent très extraordinaires. Vauban, si jeune encore, sans appui, sans autre instruction que cette faible instruction élémentaire qu'il devait au curé de Saint-Léger, devient tout à coup ingénieur ; et, ce qui ne se trouve presque jamais réuni dans un si jeune homme, il montre tout à la fois une valeur impétueuse et une grande application à l'étude.

Quels que fussent, d'ailleurs, le mérite et la valeur de Vauban, il ne pouvait acquérir autant de gloire et de célébrité dans les rangs espagnols que s'il eût servi la France. Un événement imprévu le rendit à sa patrie ; il fut fait prisonnier par les troupes royales (1653), et conduit à Mazarin, qui, à cause de la réputation qu'il avait acquise, désirait l'attacher au service du Roi. Ce ministre le fit rentrer en grâce, lui offrit, dans le régiment de Bourgogne infanterie, une lieutenance que Vauban accepta, et l'envoya au siége de Sainte-Menehould (1653), où il servit sous les ordres du chevalier de Clerville, l'ingénieur le plus renommé de ce temps.

Il coopéra ensuite, mais toujours en sous-ordre, aux travaux des siéges de Stenay et de Clermont, en 1654 ; de Landrecies, de Condé et de Saint-Guislain, en 1655 ; de Valenciennes, en 1656 ; et de Montmédy, en 1657. Il avait été blessé aux siéges de Stenay, de Valenciennes, et trois fois à celui de Montmédy; ce fut quelque temps après le siége de Clermont (3 mai 1655), qu'il reçut le brevet d'ingénieur, objet de ses vœux.

Dans tous ces siéges, il se fit remarquer par un zèle qui ne se refroidissait jamais, par une valeur brillante, par une présence d'esprit et un calme extraordinaires au milieu des plus grands dangers, par des talens, enfin qui le classaient au premier rang des ingénieurs français, et qui faisaient présumer que par la suite il les dépasserait tous; et pourtant, il venait seulement d'atteindre sa vingt-quatrième année. Sa modestie égalait son mérite, et sa subordination à l'égard de ses chefs était telle qu'il n'envisageait dans ses travaux guerriers que leur gloire, celle du corps auquel il appartenait, et surtout celle de sa patrie; il semblait fuir la célébrité, content du sort qu'il s'était créé : elle vint en quelque sorte le chercher.

Au lieu de consacrer à ses plaisirs les loisirs que lui laissait la suspension des hostilités pendant les quartiers d'hiver, ainsi que le faisaient presque tous les jeunes officiers de son âge, Vauban les consacrait à l'étude de son art; il fit pourtant un voyage à Paris, où il resta trois jours, et pendant ce temps, il commit une étourderie, la seule peut-être qu'il ait eu à se reprocher. Un jour qu'il sortait de dîner avec deux de ses camarades, et qu'il était plus gai que de coutume, il rencontra le convoi funèbre d'un riche financier que l'on conduisait à Saint-Roch. Dans ce temps, on se servait de chaises à porteur, et les cercueils étaient transportés à bras. Vauban saute à califourchon sur le cercueil, et s'adressant aux porteurs : *A mon logis*, dit-il. Cette scène fit rire le cortége, et jusqu'au curé, qui était homme d'esprit, et qui ne donna aucune suite à cette affaire.

Quelque brillans qu'eussent été les débuts de Vauban dans la carrière des armes, il eût langui sans doute dans les rangs inférieurs s'il ne se fût trouvé, ce qu'assurément il ne cherchait point, un homme puissant qui lui servit de protecteur : cet homme fut le maréchal de la Ferté.

Condé avait deviné Vauban; le maréchal de la Ferté, qui le vit servir sous ses ordres dans plusieurs des siéges dont je viens de parler, sut l'apprécier. Peu avant le siége de Valenciennes, il lui donna une compagnie dans son régiment, et lui prédit que *si la guerre l'épargnait, il monterait aux premiers grades.* Quelques années après, il lui fit obtenir une nouvelle compagnie dans un autre régiment, et le tira ainsi de l'état de gêne où le tenait son défaut de fortune. Mais il fit beaucoup plus encore : il le demanda pour diriger les travaux du siége de Gravelines (août 1658), place très forte dont il était chargé de faire le siége, et il lui fournit ainsi le moyen de mettre son mérite en évidence.

Vauban justifia par un brillant succès le choix que le maréchal de la Ferté avait fait de lui, et montra, par d'heureuses, mais légères innovations, ce que l'on devait attendre un jour de son génie mûri par l'expérience. Dans la même année, il dirigea les travaux des siéges d'Oudenarde et d'Ypres sous les ordres de Turenne, et avec le même succès.

On remarquera que ce fut un heureux hasard que Vauban ait été employé à des travaux de place et à ceux d'un siége peu de temps après son arrivée au régiment; que le malheur d'avoir été fait prisonnier contribua à sa fortune, puisque cette circonstance le fit entrer au service de France et lui ouvrit une brillante carrière; qu'il n'est pas commun de trouver des hommes tels que le maréchal de la Ferté, je ne dirai pas qui emploient les hommes de mérite, mais qui les fassent valoir, loin de chercher à s'approprier leurs travaux,

donc Vauban dut principalement son élévation à son mé-
e, la fortune y eut aussi beaucoup de part.

L'année 1659 fut particulièrement remarquable par la
nclusion du traité des Pyrénées (7 novembre 1659), à la
ite duquel la France jouit de six années d'une paix inter-
mpue à peine par le siége de Marsal, entrepris à la suite
un différend avec le duc de Lorraine, et par la malheureuse
pédition de Gigeri en Afrique. Vauban, pendant ce laps
temps, développa un nouveau genre de mérite : il se
ntra aussi habile ingénieur dans les travaux de la paix que
us ceux de la guerre, et non moins remarquable par ses
es et par ses projets que par la manière de les mettre à
écution.

Pendant l'année qui suivit celle où l'on avait conclu la
ix des Pyrénées, il épousa, dans le Nivernais, mademoi-
le Charlotte d'Aunay, fille de M. d'Aunay, baron d'Épiry,
n'en eut que deux filles,

Louis XIV, fatigué de la tutelle de Mazarin, aussitôt après
mort de ce ministre (9 mars 1661), qui arriva peu après
conclusion du traité des Pyrénées, saisit d'une main ferme
rênes du gouvernement, et montra tout d'abord qu'il
ssédait le premier talent d'un monarque, celui de con-
ître et d'employer les hommes. L'administration des for-
esses fut partagée en deux grandes directions, qui furent
ses dans les attributions de Colbert et de Louvois : le pre-
er, dont le département comprenait les finances, la ma-
ne et tous les travaux publics de l'intérieur, avait dans sa
rection les places maritimes de l'Océan, depuis Calais jus-
'à Boulogne, celles de la Méditerranée et des anciennes
ntières de Picardie, de Champagne, des trois évêchés, de
urgogne, d'Alsace et de Languedoc; le second, qui était
argé du département de la guerre, eut dans sa direction

les places des nouvelles frontières dans la Flandre, l'Artois et le Roussillon.

Cependant Louis XIV ayant acheté de Charles II Dunkerque (27 nov. 1662), qui avait été conquise en 1658 par les Anglais, la France posséda alors, entre la mer et la Flandre espagnole, une langue de terre où se trouvaient Boulogne, Calais, Gravelines et Dunkerque; cette dernière ville, étant située à l'extrémité de la langue de terre et vis-à-vis de l'embouchure de la Tamise, avait, sous ces deux rapports, beaucoup d'importance. Louis résolut de la rendre une des plus fortes places du royaume, et de mettre son port en état de recevoir de gros bâtimens; il chargea Vauban de faire les projets de ces immenses travaux, auxquels se rattachaient des constructions de canaux, de digues et d'écluses; et bientôt après, les projets de cet ingénieur ayant été adoptés, de les mettre lui-même à exécution. Vauban fut alors nommé lieutenant-colonel au régiment de la Ferté.

Dunkerque fut la première place forte que Vauban fit construire, et ce fut son chef-d'œuvre; il est vrai que, pendant l'exécution de travaux si considérables, qui durèrent long-temps, il construisit et répara beaucoup d'autres places, et put revoir ses projets.

Ce fut pendant ces six années de paix que l'on commença le canal du Midi, destiné à unir l'Océan à la Méditerranée, entreprise gigantesque dont on s'était occupé pour la première fois sous le règne de François Ier, dont on s'occupa encore depuis à plusieurs reprises, et qui ne fut exécutée que sous le règne de Louis-le-Grand. Ce canal, érigé en fief, fut adjugé, ainsi que l'entreprise des ouvrages, à Riquet, auteur du projet qui fut adopté. Les travaux n'en furent point dirigés par Vauban, ainsi que l'ont dit plusieurs des auteurs qui ont parlé de ce célèbre ingénieur; mais il visita le canal du Midi, six ans après la mort de Riquet, trouva « que c'était le plus beau et le plus noble ouvrage de » cette espèce qui eût été entrepris de son temps », et rédigea, pour son perfectionnement, un mémoire dont les principales dispositions furent exécutées par la suite.

Les fonctions de Vauban n'étaient d'ailleurs point bornées à celles de son art : Colbert, par exemple, le chargea de visiter les ports, depuis Dunkerque jusqu'à Rouen, pour indiquer les réparations et les améliorations qu'il faudrait y faire, et en même temps, de recueillir les plaintes et les réclamations du commerce pour les lui transmettre. C'est ainsi que, pendant ce règne remarquable, on savait tirer parti du génie, loin de vouloir l'enfermer dans une spécialité comme dans une prison.

En 1666, la France, ayant la Hollande pour alliée, se trouva engagée contre l'Angleterre dans une guerre maritime qui ne dura qu'un an; et l'année suivante, dans une guerre continentale contre l'Espagne.

L'armée était divisée en trois corps : Louis, ayant Turenne sous ses ordres, vint commander en personne le principal corps qui opérait en Flandre. Le chevalier de Clerville avait l'inspection de tous les travaux du génie; Vauban était attaché au corps que le Roi commandait. Chargé d'abord de fortifier Charleroi, il fut rappelé pour diriger les travaux du siége de Douai, et il y reçut à la joue une blessure dont on a reproduit la cicatrice dans ses portraits. Il était à peine guéri lorsqu'on lui confia la conduite du siége de Lille, et il s'en acquitta avec une telle habileté que la place fut prise en neuf jours de tranchée ouverte (27 août 1667) ; c'est de cette époque que date la grande célébrité et la faveur dont il ne cessa de jouir jusqu'à la fin de sa carrière.

Louis, témoin et digne appréciateur de son mérite, le

combla d'éloges, le nomma lieutenant de ses gardes (2 septembre 1667), ce qui lui donnait le rang de colonel; le gratifia d'une pension et le chargea de travaux à exécuter dans les places de la Flandre. Le plus important de ses travaux, après ceux de Dunkerque, était la construction d'une citadelle à Lille; Vauban était chargé tout à la fois d'en rédiger les projets et de les mettre à exécution : désormais, sa vie publique appartient à l'histoire.

La paix d'Aix-la-Chapelle (2 mai 1668) mit fin à cette guerre, qui n'avait duré qu'un an : Louis rendit la Franche-Comté, mais conserva ses conquêtes dans les Pays-Bas; Vauban continua à diriger les travaux des places dans la Flandre. Il s'appliquait surtout à perfectionner les manœuvres d'eau, à tenir les fossés secs ou pleins à volonté, à y former des chasses ou torrens artificiels et à saisir les moyens de créer des inondations. A Lille, il ménagea entre la citadelle, l'inondation et la place, de vastes terrains inaccessibles, où la garnison peut camper, faire paître ses bestiaux et cultiver des légumes.

Vauban avait été nommé gouverneur de la citadelle de Lille aussitôt que cette forteresse eut été ébauchée (1668), et Louis ayant témoigné le désir d'avoir le plan en relief de Lille et de sa citadelle, Vauban le fit exécuter, ainsi que celui de plusieurs autres places. On réunit ces plans dans la galerie du Louvre, où le monarque français se plaisait à les visiter; telle fut l'origine de cette belle collection de plans en relief de places fortes de France qui se trouve actuellement dans l'Hôtel des Invalides.

Sous le règne de Louis XIV, les troupes furent souvent employées à des travaux d'utilité publique pendant les loisirs de la paix; mais nulle part elles ne reçurent cette heureuse destination sur une aussi grande échelle et avec autant de succès qu'alors à Dunkerque. Trente mille hommes étaient employés aux travaux ; chaque jour, trois corps de dix mille hommes chacun se succédaient sur les ateliers ; ils s'y rendaient en armes à un signal donné par le canon, les quittaient pour remplir leur tâche et les reprenaient pour retourner au camp.

Vauban fut distrait pendant quelques temps de ces travaux par Louvois, qui, chargé d'une mission importante près du duc de Savoie, le prit avec lui et lui fit faire des plans pour fortifier Verrue, Verceil et Turin, plans qu'il donna au duc ; Vauban retourna ensuite en Flandre. Ce fut au milieu de ces occupations, et à la sollicitation de Louvois, qu'il rédigea, en 1669, pour l'instruction de ce ministre, son premier ouvrage sur l'attaque des places (1).

La guerre qui éclata en 1672 vint l'arracher à ses travaux ; les historiens en ont attribué la principale cause aux blessures que les Hollandais avaient faites à l'amour-propre d'un jeune roi, fier de sa puissance et de ses victoires. Louis, ayant pour alliés l'Angleterre, l'évêque de Munster et l'électeur de Cologne, déclara la guerre aux Hollandais (7 avril 1672), et les ayant pris au dépourvu, envahit presque tout leur territoire avec une grande rapidité ; il commandait son armée en personne, et avait sous ses ordres Turenne, Condé, Luxembourg et Vauban ; le chevalier de Clerville, vieux et infirme, ne fit point cette campagne.

Depuis cette époque, pendant trente-cinq ans que vécut encore Vauban, on ne compte que dix années de paix. La carrière de ce célèbre ingénieur offre cette particularité remarquable, que la paix ne fut pas moins laborieuse pour lui

____

(1) *Mémoire pour servir d'instruction dans la conduite des siéges.* Ce Mémoire fut imprimé pour la première fois à Leyde, en 1740.

que la guerre; sa vie publique a été résumée en peu de mots par les historiens : il a coopéré à cinquante-trois siéges, dans la plupart desquels il a dirigé en chef les travaux; il s'est trouvé à cent quarante actions de vigueur; il a fait construire trente-trois places neuves (1), et il a réparé, amélioré ou perfectionné par de nouveaux ouvrages trois cents places anciennes. On peut ajouter qu'admis dans le conseil du Roi et consulté souvent par le monarque et par ses ministres, il eut beaucoup d'influence sur les décisions qui furent prises dans plusieurs circonstances importantes, et qu'il se montra véritablement homme d'État.

Je n'entreprendrai point de raconter tous les faits militaires de la carrière de Vauban, ni de parler de tous les travaux qu'il a fait exécuter ; je ne parlerai que de ce qui présentera des circonstances propres à faire ressortir son caractère et son genre de mérite, à faire connaître l'homme enfin ; car c'est là principalement ce que je me propose. Je suivrai l'ordre des temps.

Le siége de Maëstricht (1673), place très forte, fut particulièrement remarquable dans les fastes de l'art militaire par les perfectionnemens que Vauban y apporta aux attaques. Les officiers-généraux de jour ne furent plus chargés de la conduite de la tranchée; on réduisit leurs fonctions au commandement des troupes, à protéger les travailleurs et à repousser les sorties. Vauban fut chargé seul de la direction des travaux, et ne reçut d'ordres que du Roi. Jusqu'alors, on n'avait suivi, pour attaquer les places, aucune marche

---

(1) On trouve dans l'*Histoire du Corps du Génie*, par Allent, note (10), la nomenclature des siéges faits par Vauban, et des places neuves qu'il a fait construire, ainsi que la liste de ses ouvrages imprimés et inédits. L'ouvrage de M. Allent, qui jouit d'une réputation méritée, m'a été fort utile.

égulière; à Candie, les Turcs avaient couvert le terrain de ranchées, mais conduites et exécutées sans art.

Vauban donna aux travaux une direction nouvelle qui a oujours été imitée depuis; il imagina les parallèles, élargit es tranchées, substitua aux attaques de vive force des moyens 'art moins meurtriers, et qui conduisaient pourtant plus ûrement et plus promptement au résultat. Maëstricht capiula, après avoir soutenu treize jours seulement de tranchée uverte. Louis XIV s'exprime ainsi qu'il suit en parlant de e siége (1) : « On allait vers la place quasi en bataille, avec de grandes lignes parallèles, qui étaient larges et spacieuses; de sorte que, par le moyen des banquettes qu'il y avait, on pouvait marcher aux ennemis sur un grand front. Le gouverneur et les officiers qui étaient dedans n'avaient rien vu de semblable, quoique Fargeaux se fût trouvé en cinq ou six places assiégées, mais où l'on avait été par des boyaux si étroits qu'il n'était pas possible de tenir dedans à la moindre sortie. » Les succès éclatans qu'avait obtenus Louis excitèrent la jalousie des puissances voisines; l'empeeur d'Allemagne et le roi d'Espagne se réunirent aux Holandais (1673), et bientôt après ses alliés l'abandonnèrent 1674); il se trouva réduit à ses propres forces, et contraint ur plusieurs points de garder la défensive. Néanmoins, malré l'infériorité de ses forces, ses armées commandées par des ommes tels que Turenne et Condé, que secondait Vauban, onservèrent leur supériorité; jamais la valeur française ne rilla d'un plus vif éclat.

Vauban, à cette époque, se jeta dans Oudenarde, que le

(1) *Mémoires originaux de Louis XIV, écrits de sa main, et recueillis par le maréchal de Noailles,* 3 vol. in-fol.; Manuscrits de la Bibliothèque oyale.

prince d'Orange investit et assiégea ; mais Condé lui en fit bientôt lever le siége (21 septembre 1674). De toutes les places dans lesquelles Vauban s'est jeté, Oudenarde est la seule qui ait été attaquée. Vauban fut alors nommé brigadier, et deux ans après maréchal-de-camp.

Aux siéges de Condé, de Bouchain et d'Aire (1676), où il reçut une blessure, mais surtout à celui de Valenciennes (1677), il perfectionna sa nouvelle méthode d'attaquer les places. On avait été jusqu'alors dans l'usage de choisir la nuit pour donner les assauts et pour faire des attaques de vive force ; au siége de Valenciennes, Vauban proposa d'exécuter en plein jour l'attaque projetée d'un ouvrage à couronne ; les maréchaux de Luxembourg, de Schomberg, de Lorge, d'Humières et de la Feuillade, Louvois, Monsieur, le Roi même, furent d'un avis contraire ; mais Vauban ayant ramené le Roi à son opinion, l'attaque en plein jour fut résolue (17 mars 1677). Elle réussit au-delà de ses espérances ; non seulement l'ouvrage fut enlevé, mais, en poursuivant les défenseurs, on pénétra dans son réduit, puis dans la place, dont on s'empara. Depuis cette époque, les assauts se donnent ordinairement le jour, et il en résulte effectivement des avantages qu'il serait hors de mon sujet de développer ici.

Valenciennes pris, on attaqua aussitôt Cambray, dont le corps de place ne tint que neuf jours ; la citadelle opposa plus de résistance, et le talent de Vauban pour l'attaque des places s'y manifesta avec encore plus d'éclat. A Valenciennes, on avait pris pour témérité ce qui n'était que prudence et connaissance du cœur humain ; on se trouvait donc porté à entreprendre de nouvelles actions de vigueur. Dans cette disposition des esprits, on propose de donner l'assaut à une demi-lune ; Vauban combat cette opinion ; il ne trouvait pas les travaux assez avancés pour que l'on pût tenter cette entreprise avec des chances suffisantes de succès. Néanmoins Louis fit donner l'assaut, et la demi-lune fut enlevée; mais on ne pouvait y communiquer qu'à découvert ; le feu de la place avait encore beaucoup de vivacité; on fit de grandes pertes, et l'on ne put s'y maintenir. Vauban l'attaqua alors par les procédés de l'art , ne perdit que trois hommes pour s'en emparer, et s'y maintint. « Une autre fois, » je vous laisserai faire », dit le monarque. Jusqu'alors on avait employé habituellement la mine pour faire brèche, et le canon par exception seulement; Vauban , au contraire , employa habituellement le canon à cet usage, et n'y employa plus la mine que par exception. Il commença au siége de la citadelle de Cambray à donner cet exemple.

Cependant Louis, courroucé de la résistance des assiégés, propose de donner l'assaut et de ne point faire de quartier à la garnison; Vauban seul ose combattre cette proposition, comme contraire aux lois de la guerre : « J'aimerais » mieux , Sire , ajouta-t-il, avoir conservé cent soldats à » votre majesté que d'en avoir ôté trois mille aux ennemis.» Louis, naturellement généreux , revint à son caractère, et reçut la citadelle à capituler.

L'année suivante, au siége d'Ypres, où l'on n'était point pressé par le temps, on voulait donner l'assaut avant que d'avoir couronné le chemin couvert : « Vous y gagnerez un » jour, dit Vauban, et peut-être y perdrez mille hommes. » Son avis fut suivi ; le lendemain, on couronne le chemin couvert et la place se rend.

Les nouvelles méthodes de Vauban accéléraient la reddition des places, tout en ménageant le sang des soldats ; aussi possédait-il au plus haut degré leur confiance et leur attachement. Je ne puis mieux faire connaître à quel point ses talens étaient appréciés qu'en rapportant ce que Louvois écrivait au maréchal d'Humières, qui l'avait demandé et obtenu pour diriger le siége de Saint-Guislain, afin qu'il ne souffrît pas que Vauban s'exposât et conduisît la tranchée. » Sa Majesté, lui dit-il, vous recommande fort sa conser- » vation..... Vous savez quel déplaisir le Roi aurait, s'il lui » arrivait accident.

La lutte que soutenait la France, depuis sept années, se termina par les glorieux traités de paix de Nimègue (1678-1679) (1), qui lui firent acquérir la Franche-Comté, et plusieurs places et pays importans, en Flandre, en Lorraine et sur le Rhin.

Pendant cette guerre, Vauban éprouva un chagrin cuisant; il perdit un neveu de son nom, qui lui tenait lieu de fils, jeune ingénieur, âgé seulement de vingt-deux ans, auquel il avait servi de père et de Mentor, et qui se montrait digne de marcher sur ses traces; la guerre l'avait épargné ; il se noya dans l'Escaut, où il était allé se baigner. Vauban reporta ses affections sur son cousin. Dupuy-Vauban (2), qui suivait aussi la carrière des armes dans le corps du génie.

---

(1) Le premier traité fut conclu avec la Hollande, le 10 août 1678 ; le second avec l'Espagne, le 17 septembre de la même année ; le troisième avec l'Empereur et l'Empire, le 5 février 1679 ; le quatrième avec l'électeur de Brandebourg et quelques autres princes, le 29 juin suivant.

(2) Antoine Leprestre, comte de Vauban, neveu, à la mode de Bretagne (c'est-à-dire cousin issu de germain), du maréchal de Vauban, dit Moréri dans son Dictionnaire, connu sous le nom de *Dupuy-Vauban*, naquit en 1654. Il commandait le génie de la place de Lille, en 1708, pendant la mémorable défense qui immortalisa Boufflers ; et, en 1710, il soutint dans Béthune, dont il était gouverneur, quarante-deux jours de tranchée ouverte ; ce fut son principal titre de gloire. Il fut fait lieutenant-général en 1704, et mourut en 1731, à Béthune. Son père, deux de ses frères, deux oncles et onze cousins germains ou issus de germains, moururent au champ d'honneur

Le chevalier de Clerville avait terminé son utile carrière
deux mois avant les traités de paix de Nimègue; il passait,
sous Mazarin, pour le premier ingénieur de l'Europe, et il
aurait obtenu plus de célébrité s'il n'eût eu pour précur-
seurs de Ville et Pagan, et Vauban pour successeur. La
charge de commissaire-général des fortifications, vacante
par sa mort, fut donnée à Vauban, qui la refusa d'abord à
cause des relations nombreuses qu'elle contraignait d'avoir
avec Louvois et Colbert, motif qui l'eût fait rechercher de
tant d'autres; mais Louis lui imposa, comme devoir, ces
fonctions, qu'il confiait à son mérite; et Vauban, par sa fran-
chise, sa loyauté, et l'autorité de son caractère, parvint à
conquérir l'estime des deux ministres rivaux.

Dès lors, aucun des travaux importans de l'arme du génie
ne s'exécuta plus que d'après ses plans, ses tracés sur les
lieux même, et que sous sa haute direction; jamais ils
n'avaient été plus importans qu'ils le furent alors. Les places
fortes jouaient un grand rôle, puisque les armées ne s'avan-
çaient qu'après s'en être emparé; Louis, dont Colbert avait
mis les finances dans un état prospère, faisait donc construire de nouvelles places sur ses frontières, et réparer les
anciennes ou augmenter leur force par l'addition de nouveaux ouvrages.

Les ingénieurs n'étaient point alors chargés des fortifications seulement; ils l'étaient aussi des ports, des canaux,
et de divers autres travaux. Ainsi, par exemple, Vauban fit construire l'aqueduc de Maintenon, et exécuter de
nombreux travaux dans les ports; les plus considérables furent ceux du port de Toulon, qui avaient été commencés

____

sous le règne de Louis XIV; il ne resta de cette famille que la postérité de
Dupuy-Vauban, qui subsiste encore.

par le chevalier de Clerville, et ceux du port de Dunkerque, qui n'avait été jusqu'alors abordable qu'aux bateaux pêcheurs, et qu'il mit en état de recevoir des vaisseaux de quarante canons. On y vit réunis : l'escadre de Jean Bart, si redoutable aux Anglais; des nuées de corsaires, fléau de leur commerce, et ces galiotes à bombes, inventées par Renau, avec lesquelles Duquesne châtia Alger. On emploie encore aujourd'hui les procédés de détail dont Vauban fut l'inventeur dans les constructions importantes, et il introduisit dans l'exécution des travaux, et dans la dépense qu'ils exigeaient, un tel ordre et une telle économie, que depuis on n'a pu rien faire de mieux que de l'imiter.

Louis ne se contenta pas de récompenser les services de Vauban par un rapide avancement et par les honneurs dont il le combla, il y ajouta de nombreuses gratifications, mais qui ne l'enrichirent point; car il était bienfaisant, et, se rappelant ses débuts dans la carrière des armes, il saisissait avec empressement l'occasion de secourir les jeunes officiers que le défaut de fortune tenait dans la gêne. Néanmoins, avec ses économies, ou avec la fortune de sa femme, il put affranchir le petit fief de Vauban, et acheter dans la commune de Bazoches, où il est situé, une propriété sur laquelle il fit bâtir un château, simple, mais commode, qui prit le nom de Bazoches.

Il semble que les occupations du service auraient dû absorber tout son temps ; cependant il s'occupait d'économie politique, particulièrement de projets pour établir de nouvelles communications par un système de canaux, et des moyens de changer le mode de perception des impôts pour soulager la misère du peuple. Il était dévoré du besoin d'être utile ; c'était chez lui une passion qui ne se refroidit jamais, et qui le possédait à un tel point que, pendant ses nombreux

oyages, il prenait des renseignemens sur tous les pays qu'il
raversait, considérés dans leurs habitans, leur sol, leur in-
ustrie et leurs rapports avec le gouvernement. Il se croyait
débiteur de quiconque avait rendu service au public; on
cite tel intendant qu'il ne connaissait point, et auquel il avait
écrit pour le louer d'avoir créé un établissement utile, qu'il
vait visité en traversant sa province. C'était surtout dans sa
olitude de Bazoches qu'il méditait et qu'il écrivait sur ces
matières; mais on conçoit qu'il pouvait bien rarement l'ha-
biter.

Pendant une apparition qu'il y fit, lorsqu'il était déjà à
a tête de l'armée du génie, il voulut revoir Saint-Léger-de-
Foucheret, et s'y rendit avec quelques personnes. Il leur
montra la chaumière où il était né, s'entretint familière-
ment avec plusieurs compagnons de son enfance, rappela à
une vieille femme qu'elle avait souvent partagé son *époigne*(1)
vec lui lorsqu'il était enfant, et lui donna une bourse pleine
d'or : le souvenir de cette visite de Vauban s'est conservé par
radition, jusqu'à ce jour, chez les habitans du village de
Saint-Léger.

Sa haute fortune ne l'avait pas enorgueilli; son âme ne
onnaissait pas l'envie, et l'amour de son pays fut sa passion
dominante. On rapporte que, pendant la guerre qui venait
e se terminer, Cohorn (2), le plus célèbre ingénieur de ce
emps après Vauban, mécontent du prince d'Orange, vint
demander du service en France, et que Vauban, ayant été
onsulté conseilla de l'accueillir; mais que le prince d'O-

(1) Petite galette, d'une livre environ, que les femmes faisaient pour leurs
enfans.

(2) Minot, Hongrois d'origine, plus connu sous le nom de baron de Cohorn, s'était exilé, jeune encore, d'une patrie où son père, ayant pris part
aux discordes civiles, avait porté sa tête sur l'échafaud.

range, instruit que son meilleur ingénieur allait le quitter, fit arrêter sa femme et ses enfans, et joignant des bienfaits à cette violence, le retint à son service.

Cependant Louis XIV employait activement la paix à se préparer à la guerre, et ayant acquis sur les autres puissances de l'Europe une supériorité telle qu'elles ne pouvaient lui résister qu'en se coalisant, il gardait à leur égard peu de ménagemens, et manifestait par sa conduite que ses projets ambitieux n'avaient point atteint leur terme.

Il décida impérieusement les points que les traités de Nimègue avaient laissés indécis ou remis à l'arbitrage de diverses puissances; ce fut ainsi qu'il réunit à la France les fiefs et terres démembrés des trois évêchés de l'Alsace, et qu'il s'empara de Hombourg et de Brinche. La possession de Pignerol et de Cassal, dont il fit réparer et augmenter les fortifications, lui permettait de faire pénétrer ses armées en Italie; celle de Fribourg, sur la rive droite du Rhin, lui facilitait l'entrée en Allemagne. Strasbourg, ville libre, avait livré plusieurs fois le passage du Rhin aux Impériaux; il résolut de s'en emparer, se prépara secrètement à en faire le siége, et l'investit inopinément; les magistrats, surpris, ouvrirent leurs portes aux Français (30 septembre 1681), et Louis fit ajouter aux fortifications de cette ville une citadelle et le fort de Kehl, sur la rive droite du Rhin, afin de s'assurer un passage pour pénétrer en Allemagne; Vauban fut chargé de diriger ces travaux. Ces entreprises alarmèrent les puissances voisines de la France; la Hollande, l'empereur, l'Espagne, la Suède, et les cercles les plus exposés de l'Empire, firent pour s'y opposer une ligue qui fut signée le jour même de la prise de Strasbourg; ils n'osèrent d'ailleurs agir, et se contentèrent de murmurer et de se plaindre.

Peu de temps après l'occupation de Strasbourg, et sur le

réfus de l'Espagne de lui donner des équivalens pour le
duché d'Alost, Louis fit investir Luxembourg (1682), mais
ne donna point de suite à cette démonstration ; l'année suivante, et par le même motif, il pénétra en Belgique, et investit de nouveau Luxembourg. L'Espagne, par suite de ces
hostilités, lui déclara la guerre (26 octobre 1683), et dès
lors le monarque français ne garda plus aucun ménage-
ment.

Le célèbre Colbert mourut cette année (6 septembre 1683),
âgé de soixante-quatre ans seulement; lui et Vauban furent
les principaux instrumens des conquêtes de Louis XIV : le
premier en lui procurant de l'argent par l'ordre qu'il mit
dans les finances, le second en prenant les places avec une
promptitude inconnue jusqu'alors.

Cependant l'Espagne supportait seule tout le poids de
cette guerre. L'empereur, accablé alors par les Turcs, qui
assiégeaient sa capitale (octobre 1683), ne pouvait la secourir; ses autres alliés, meurtris encore des coups que leur
avaient portés Louis dans la dernière guerre, n'osèrent s'y
décider. Les maréchaux d'Humières et de Créqui comman-
daient l'armée française; Vauban dirigeaient les travaux des
siéges. On s'empara rapidement de Courtray et de Dixmude
dans le mois de novembre; et l'année suivante, aussitôt que
le retour de la belle saison le permit, on commença le siége
de Luxembourg. Créqui commandait devant cette place, qui
avait été réputée jusqu'alors imprenable, et dont le seul
front accessible était taillé dans le rocher; Louis, qui s'était
rendu à l'armée, en couvrait le siége, ayant sous ses ordres
le maréchal de Schomberg.

Vauban s'y surpassa; il inventa les cavaliers de tranchée,
et porta sa nouvelle méthode d'attaquer les places à un
point de perfection qui n'a pas été dépassé depuis. Dans le

courant de ce siége, il courut un grand danger : une nuit que, soutenu par des grenadiers couchés ventre à terre, il s'avançait silencieusement pour reconnaître la place, il fut découvert par les assiégés, et allait essuyer une décharge, lorsqu'il fit signe de la main de ne pas tirer, et continua de s'avancer comme s'il eût été un des leurs; il atteint ainsi les palissades du chemin couvert, qu'il examine, puis il se retire lentement. Sa présence d'esprit le sauva, et lui procura le moyen de reconnaître la place mieux qu'il ne pouvait l'espérer. On employa pour la première fois, à ce siége, une compagnie de mineurs créée sur la proposition de Vauban et par ses soins. Luxembourg capitula, après avoir soutenu vingt-quatre jours seulement de tranchée ouverte. L'Espagne, trop faible pour se mesurer seule avec la France, signa à Ratisbonne (10 août 1684), une trève de vingt ans à laquelle accédèrent ses alliés. Louis conservait, pendant la durée de cette trève, Luxembourg, Strasbourg, et les divers pays qu'il avait réunis à ses États depuis les traités de Nimègue; cette époque fut celle de sa plus grande prospérité. La paix ne pouvait, d'ailleurs, être de longue durée; ce monarque avait trop humilié plusieurs de ses voisins par ses conquêtes, et les avait tous traités avec trop de fierté, pour qu'ils ne prissent pas les armes contre lui aussitôt qu'ils croiraient pouvoir le faire avec quelques chances de succès.

La guerre terminée, Vauban reprit avec une activité nouvelle les travaux auxquels il s'était livré jusqu'alors pendant la paix; le plus important de ces travaux fut la construction de la place de Landau, où il apporta au système bastionné, qu'il avait toujours employé jusqu'alors, d'importantes et utiles modifications.

Peu de temps après la trève de Ratisbonne, Louis, mal conseillé, révoqua l'édit de Nantes (22 octobre 1685), me-

sure funeste qui donna naissance à une émigration et à une
guerre civile, excita la haine des nations protestantes contre
la France, et fut nuisible à son commerce. Des corps en-
tiers d'émigrés se formèrent chez les étrangers, et parmi eux
se trouvèrent quelques ingénieurs, élèves de Vauban (1), qui
firent connaître et les places fortes de la France et les méthodes de ce grand ingénieur pour attaquer les places, car
jusqu'alors elles n'avaient encore été pratiquées qu'en France.
Aussi les Français, depuis qu'ils suivaient ces nouvelles
méthodes, prenaient-ils les places en beaucoup moins de
temps que leurs adversaires; et ce ne fut, malgré l'émigration d'ingénieurs français, que pendant la guerre de la
succession que les méthodes de Vauban leur devinrent fa-
milières. Non seulement Vauban était opposé à la révocation
de l'édit de Nantes, mais, plus tard, il osa proposer à Louis
de le remettre en vigueur.

Cependant Guillaume, prince d'Orange, stathouder de
Hollande, l'empereur, le roi d'Espagne, le roi de Suède, le
duc de Savoie, l'électeur de Bavière, les ducs de Brunswick
et de Hanovre, et tous les petits princes du Rhin, par les
raisons précédemment développées, s'occupèrent à Augsbourg
de former contre Louis une confédération qui prit le nom
de ligue d'Augsbourg; ce projet, dont Guillaume était l'âme,
reçut son exécution à Venise (1687), où se réunirent, sous
prétexte des plaisirs du Carnaval, les confédérés ou leurs
envoyés. Ils se préparèrent dès lors à la guerre, mais lentement, excepté la Hollande, qui pressait ses armemens.

Louis XIV se décide à les prévenir, et la guerre éclate de

---

(1) Le vieux Schomberg prit du service en Hollande; Goulon, l'un des
élèves les plus distingués de Vauban, se réfugia chez l'empereur, qui le fit
officier-général et chef de ses ingénieurs.

nouveau, il conservait la supériorité que lui donnaient des armées aguerries et long-temps victorieuses, composées de troupes qui suivaient des méthodes de guerre supérieures à celles des troupes ennemies, et un corps incomparable d'ingénieurs formés dans les siéges même, sous les yeux et par les soins de l'immortel Vauban ; mais ses finances étaient délabrées et sa population militaire fort diminuée. Il envoie donc en Allemagne une armée commandée par le Dauphin, qui avait sous ses ordres le maréchal de Duras, Catinat et Vauban, récemment nommé lieutenant-général (24 août 1688); cette armée investit Philisbourg, place environnée de marais qui la rendaient très forte, et en commença le siége dans les premiers jours d'octobre. Vauban, indépendamment des difficultés du terrain, fut contrarié par un temps pluvieux et par l'ardeur des officiers et des troupes, qui pensaient que des actions de vigueur abrégeraient le siége; mais lui, convaincu qu'il ferait verser des flots de sang pour obtenir des succès douteux, affligé, mais inébranlable, continua à procéder méthodiquement, consacrant ainsi par ses exemples cette maxime belle et vraie, qu'il inséra depuis dans son *Traité de l'Attaque des places* (1), que *la précipitation dans les siéges ne hâte point la prise des places, la recule souvent, et ensanglante toujours la scène.*

Les meilleurs ingénieurs ayant été tués ou blessés, Vauban, contraint de les suppléer, même pour l'exécution des travaux de détail, s'exposait beaucoup. « Dieu nous » le conserve, écrivait à Louvois un des généraux ; car » il n'y a que lui capable d'approcher une place comme » celle-ci. » Ce fut à ce siége qu'il inventa une nouvelle

____

(1) *Traité de l'Attaque des Places,* par le maréchal de Vauban ; nouvelle édition, par M. Augoyat, page 263. Paris, 1829.

...anière d'employer l'artillerie, qui acheva de donner à ...attaque sur la défense un ascendant qu'elle a toujours ...onservé depuis; elle consistait à tirer avec des charges plus ...aibles et sous un angle plus grand, d'où il résultait que le ...oulet, animé de moins de vitesse, faisait plusieurs bonds ...près avoir touché la terre une première fois, et que, décri-...ant une courbe plus élevée au-dessus du sol, il franchissait ...acilement les parapets : ce genre de tir fut appelé *tir à ricochet*. ...On plaçait les batteries qui l'exécutaient sur le prolongement ...es faces; les boulets, par leurs bonds successifs, y causaient ...lors de grands ravages, en tuant les défenseurs et en brisant ...e matériel d'artillerie. L'emploi de ce nouveau procédé ...nalgré les heureux résultats qu'il produisit, ne fut d'ailleurs ...u'un essai; mais Vauban, ainsi que nous le verrons, lui fit ...ientôt atteindre toute la perfection dont il était susceptible.

Philisbourg capitula, après avoir sontenu vingt-deux jours ...e tranchée ouverte (29 octobre 1688). L'armée qui en avait ...ait le siége, sur vingt-cinq mille hommes dont elle était ...omposée, n'eut que six cents hommes tués et douze cents ...lessés; mais sur quarante ingénieurs qui assistaient à ce ...iége, dix y périrent et quatorze furent blessés. Louis, dans ...ne lettle écrite de sa main, témoigna ainsi sa satisfaction ...Vauban : « Vous savez, il y a long-temps, dit-il, ce que je pense de vous et la confiance que j'ai en votre savoir et en votre affection; croyez que je n'oublie pas les services que vous me rendez, et ce que vous avez fait à Philisbourg m'est fort agréable. Si vous êtes aussi content de mon fils qu'il l'est de vous, je vous crois fort bien ensemble; car il me paraît qu'il vous connaît et vous estime autant que moi. Je ne saurais finir sans vous recommander absolument de vous conserver pour le bien de mon service. »

Philisbourg pris, on assiégea les places de Manheim et de

Franckenthal; au siége de la première, on employa de nouveau et avec succès, des batteries à ricochet; la seconde ré-
sista à peine.

Louis, pour reconnaître les services de Vauban d'une manière plus éclatante encore que par des éloges, lui donna
quatre pièces de canon à choisir dans les arsenaux des places
dont on venait de s'emparer. Vauban renouvela alors la de-
mande qu'il avait déjà faite pour que l'on formât des compa-
gnies de sapeurs principalement destinées aux travaux des
siéges; il adressa même à Louvois un projet de formation,
mais qui ne fut mis que plus tard à exécution.

Pendant le cours de cette guerre, Vauban dirigea encore
quatre siéges, ceux de Mons, de Namur, de Charleroi et
d'Ath. Celui de Mons se fit sous les yeux du Roi (9 avril
1691) avec succès, et n'offrit d'ailleurs aucune circonstance
extraordinaire.

Le siége de Namur, que l'on entreprit l'année suivante
(juin 1692), fut un des plus remarquables du règne de
Louis XIV; ce monarque y assista avec une partie de sa
cour, ayant Boufflers sous ses ordres : Cohorn, le Vauban
des Hollandais, dirigeait la défense. On fit d'abord le siége
de la ville, qui ne présenta que des difficultés ordinaires; il
n'en fut pas ainsi de la citadelle. Bâtie sur des rochers que
baigne la rive droite de la Sambre, elle ne pouvait être attaquée que par les hauteurs situées entre cette rivière et la
Meuse, et, de ce côté, en y comprenant le fort Guillaume,
nouvellement construit par Cohorn, il fallait forcer six en-
ceintes pour s'en rendre maître ; le terrain sur lequel on
était contraint de conduire les attaques, était ou du rocher
recouvert de peu de terre, ou des prairies marécageuses en
quelques endroits. Tous ces obstacles furent surmontés avec
une promptitude qui dépassa les espérances; la valeur bril-

lante des troupes qu'anima plusieurs fois la présence du Roi et de son fils, seconda admirablement les savantes dispositions de Vauban. Une circonstance remarquable donna encore plus d'éclat à ce siége mémorable, et accéléra la reddition de la forteresse. Le fort Guillaume, cerné tout à coup pendant que Cohorn s'y trouvait, par une double sape que Vauban conduisit la nuit entre ce fort et la citadelle, succomba bientôt ; Cohorn y fut fait prisonnier avec son régiment ; Vauban lui offre son logement et sa table, mais Cohorn, sans répondre, détourne les yeux et s'éloigne.

Vauban, comme dans plusieurs des siéges précédens, eut à lutter contre l'opinion des généraux et des troupes, qui pensaient que des actions de vigueur abrégeraient la durée du siége, et même contre les murmures des courtisans, que ce genre de vie fatiguait ; mais, soutenu par le Roi, il fut inébranlable, et ne conseilla d'actions de vigueur que quand il les jugea utiles. Louis l'admit à sa table pendant le siége, distinction qu'il n'accordait ordinairement qu'à la haute naissance. Tel fut le siége de Namur ; il ne coûta que sept jours de tranchée devant la ville, vingt-deux jours devant la citadelle, et les pertes des assiégeans furent beaucoup moindres que celles des assiégés.

Ce fut à la suite de cette campagne que Louis XIV institua l'ordre de Saint-Louis, « le premier, dit l'historiographe de » cet ordre, qui ait été uniquement créé pour être la récom- » pense, la marque de la valeur, des services et des talens » militaires », et c'est à Vauban que l'on attribue la première idée de cette institution ; il fut l'un des sept grand'-croix nommés à la création de l'ordre.

A Charleroi (octobre 1693), Vauban déploya le même talent que dans les siéges précédens ; ce fut la première fois qu'il attaqua une place qui était son ouvrage.

L'année suivante, il fut envoyé pour commander en Bretagne, afin de mettre en état de défense les ports et les côtes que menaçaient les Anglais; ils osèrent débarquer dans la baie de Carmaret (18 juin 1694) : Vauban les attaque aussitôt, et tue ou prend tout ce qui était débarqué.

Je ne saurais me dispenser de dire quelques mots du siége de Namur, que fit, en juillet et août 1695, le prince d'Orange, ayant Cohorn pour diriger les travaux, et une artillerie beaucoup plus nombreuse que celle dont s'étaient servis les Français au siége de 1692. Au premier siége, la ville avait tenu sept jours de tranchée, la citadelle vingt-deux, les assiégés avaient perdu près du double des assiégeans; au second, la ville tint vingt-trois jours, la citadelle trente-trois, et les assiégeans, au contraire, perdirent plus du double des assiégés. Vauban, avec moins de moyens, et tout en ménageant le sang des hommes, s'empara de la place plus promptement que Cohorn, qui avait consommé beaucoup plus de munitions, multiplié les assauts, et fait verser beaucoup plus de sang. Cette comparaison, sans détruire le mérite de Cohorn, fait ressortir toute la supériorité de Vauban.

Le dernier siége que dirigea Vauban pendant cette guerre, fut celui d'Ath (mai 1697), place qu'il avait fait construire dans sa jeunesse; il y servait sous les ordres de Catinat, dont il fut l'ami. A ce siége, Vauban porta le tir à ricochet à un degré de perfection qui n'a point été dépassé depuis. Aucun siége n'avait encore coûté aussi peu, et dans aucun la force n'avait eu moins de part, ni l'art d'avantage; cinquante soldats seulement furent tués et cent cinquante blessés; quoique la place eût soutenu quatorze jours de tranchée; un seul ingénieur périt; sept autres, au nombre desquels se trouvait Vauban, reçurent des blessures. Le nouvel art d'attaquer les places fut dès lors fixé, et n'a éprouvé depuis aucun changement important. Les ingénieurs citent le siége d'Ath comme un modèle à étudier et à imiter,

La lassitude des puissances belligérantes, qui toutes, et surtout la France, avaient grand besoin de repos, fut la principale cause des traités de paix de Riswick (1), qui rendirent la paix à l'Europe. Louis conserva Strasbourg, mais il perdit ce qu'il possédait sur la rive droite du Rhin, et plusieurs autres places de la Flandre, entre autres, Luxembourg.

Vauban, après la paix de Riswick, parcourut les frontières de la France, et indépendamment des travaux qu'il faisait exécuter, rédigea de nombreux projets; non seulement sur des objets relatifs à son art, mais encore sur d'autres matières, lorsqu'il croyait que leur exécution pouvait être utile au commerce, à l'agriculture, au soulagement du peuple ou au développement des richesses de l'État.

En 1699, l'Académie des sciences le nomma l'un de ses membres honoraires, distinction bien due à un homme qui avait fait de si utiles applications des mathématiques à son art.

On commençait à peine à ressentir les bienfaits de la paix, lorsque la mort de Charles II (1er novembre 1700) alluma la guerre de la succession, qui fut longue, sanglante et désastreuse pour la France. Ce fut au commencement de cette guerre que l'on acheva d'abandonner les piques et de leur substituer le fusil à baïonnette, et ce fut Vauban qui décida Louis XIV à prendre cette résolution. Vauban ne fut d'ailleurs pas employé à l'armée pendant les premières années de la guerre, parce que les Français soutinrent plus de siéges qu'ils n'en firent.

Cependant le Roi avait fait connaître à Vauban son inten-

____

(1) Le traité avec la Hollande, fut signé le 20 septembre 1697 ; celui avec l'Espagne, le même jour ; celui avec l'Angleterre, le 21 septembre ; enfin, celui avec l'empereur, le 30 octobre.

tion de l'élever à la dignité de maréchal de France, et Vauban l'avait supplié de n'en rien faire, parce qu'il deviendrait alors, disait-il, plus difficile de l'employer et que ce serait mettre des obstacles à son zèle; le monarque ne fut point arrêté par un si rare désintéressement, et Vauban fut élevé à cette dignité le 2 janvier 1703. Cette même année, il fut chargé, sous les ordres du duc de Bourgogne, petit-fils de Louis XIV, de diriger les travaux du siége de Vieux-Brisach, place qu'il avait fortifiée lui-même; ce fut son dernier siége, et malgré son grand âge, on reconnut le Vauban de Luxembourg et de Namur. L'année suivante, il offrit à ce prince une copie de son traité, encore inédit, de l'attaque des places, ouvrage qui est devenu le guide des ingénieurs,

Le 2 janvier 1705, le Roi nomma Vauban chevalier de ses ordres, distinction qu'il n'accordait ordinairement qu'à la haute naissance; ce grand ingénieur se trouva ainsi, après cinquante-quatre ans de glorieux services, avoir obtenu tous les grades, tous les honneurs et toutes les distinctions qui servaient à récompenser le mérite.

Il ne restait alors au duc de Savoie dans le Piémont que Turin et Coni, Louis XIV se décida à faire assiéger Turin, place très forte, surtout depuis que les fortifications en avaient été perfectionnées par l'exécution des plans de Vauban; elle avait une nombreuse garnison, et sa population était affectionnée au duc de Savoie. Le duc de Vendôme commandait en Italie, et sous ses ordres, le duc de la Feuillade, lieutenant-général, commandait en Piémont. Il paraît que la première pensée du Roi fut de charger Vauban de ce siége; mais ce n'était plus ce roi jeune, actif, plein de résolution : affaibli par l'âge, cédant à l'influence des personnes qui l'entouraient, il se décida à la sollicitation de madame de Maintenon et de Chamillard, ministre de la guerre et des

ances, à charger de ce siége la Feuillade, gendre de ce
inistre. Le Roi désirait d'ailleurs qu'il suivît le plan d'at-
que de Vauban; il demanda donc au maréchal un projet
'attaque, que celui-ci lui remit au commencement de l'été,
que Louis XIV envoya à Vendôme et à la Feuillade;
ais la Feuillade rejeta le projet de Vauban et en proposa
 tout différent, ajoutant qu'il prendrait Turin à la Cohorn.
endôme partageait son opinion.

On trouve, dans une lettre de Chamillard à la Feuillade;
 26 août 1705, le passage suivant : « M. le maréchal de
Vauban avait grande envie de finir sa carrière par le siége
de Turin, si le Roi avait voulu lui donner ce qui est porté
dans son mémoire, et même quelque chose de moins; il
me l'a dit à moi-même. Il était assez difficile d'accorder
sa proposition avec le personnage que vous avez à faire
et que j'espère que vous remplirez dignement. » Et, dans
 réponse de la Feuillade, du 1.er septembre 1705 :
...Ayez confiance en moi; vous vous en trouverez mieux,
et le Roi aussi, que de tous les ingénieurs du monde. Il y
a des gens nés pour commander, et ces sortes de mes-
sieurs-là sont faits seulement pour exécuter les ordres
qu'on leur donne...... » Ces passages mettent au jour l'in-
igue ourdie pour éloigner Vauban, et la présomption de la
euillade.

Toutefois Chamillard, craignant que son gendre n'échouât
ans une entreprise si difficile, désirait, et le Roi encore
lus, qu'il adoptât le plan de Vauban. Il pria donc le ma-
échal d'écrire directement à la Feuillade pour combattre
es projets; Vauban, qui sacrifiait tout lorsqu'il s'agissait
les intérêts de l'État, fit ce que désirait le ministre. « Je
vous envoie, mandait Chamillard à la Feuillade, une lettre
du maréchal de Vauban, auquel je communiquai vendredi

» celle que vous m'avez écrite du 3 de ce mois, qui contient
» votre projet sur la manière dont vous avez résolu d'atta-
» quer Turin. Vous verrez qu'il n'est pas d'accord avec vous,
» et sa lettre me paraît appuyée de raisons si solides, que
» j'ose vous demander par grâce d'y faire de sérieuses ré-
» flexions. L'affaire est si importante pour le Roi, que je suis
» convaincu, comme lui, qu'il ne faut rien donner au hasard. »
Et en même temps, il écrivait à Vauban : « Je vous rends mille
» grâces, monsieur, de la lettre que vous m'avez envoyée
» pour M. de la Feuillade. Je l'ai lue au Roi ; il m'a paru
» que votre projet est entièrement dans son goût. J'ai écrit
» à M. de la Feuillade, de manière qu'il aura peine à ne pas
» sentir la différence qu'il y a de suivre les règles ou de ha-
» sarder des nouveautés qui peuvent être trop dangereuses
» en pareille occasion. Je souhaite qu'il suive vos sages con-
» seils, et que vous ayez tout l'honneur des évenemens, qui
» ne seraient pas moins glorieux pour lui qu'ils seraient
» utiles pour la France. »

Non seulement la Feuillade persista dans ses résolutions,
mais il combattait le projet de Vauban dans presque toutes
les lettres qu'il adressait à Chamillard et au Roi ; on trouve
la phrase suivante dans celle qu'il écrivit au Roi le 30 septembre 1705 : « .... Enfin , Sire, je prends sur ma tête la
» réussite de l'entreprise de Turin..... »

Pour donner plus de poids à son opinion, il adressa à
Chamillard un mémoire conforme à ses projets, rédigé par
le baron de Pallavicini, officier piémontais réfugié, au service
de France ; Chamillard l'envoya à Vauban en le priant de
lui en dire son sentiment, et Vauban le fit encore. La lettre
dans laquelle il combat les opinions de cet officier se termine
par des réflexions où il se permet, dit-il, de parler de lui
pour la première fois de sa vie, et où il le fait avec tant de

simplicité, de noblesse et d'élévation de sentimens, que je me reprocherais de ne pas la citer textuellement.

A Paris, le 16 janvier 1706.

« Après avoir parlé des affaires du Roi, par rapport à la
» lettre de M. Pallavicini et à ce qui est de la portée de mes
» connaissances, j'ose présumer qu'il me sera permis de par-
» ler de moi pour la première fois de ma vie. Je suis présen-
» tement dans la soixante-treizième année de mon âge, chargé
» de cinquante-deux années de service et surchargé de cin-
» quante siéges considérables, et de près de quarante années
» de voyages et visites continuelles, à l'occasion des places de
» la frontière, ce qui m'a attiré beaucoup de peines et de fati-
» gues de l'esprit et du corps, car il n'y a eu été ni hiver pour
» moi. Or, il est impossible que la vie d'un homme qui à sou-
» tenu tout cela ne soit fort usée, et c'est ce que je ne sens
» que trop, notamment depuis que le mauvais rhume qui me
» tourmente depuis quarante ans s'est accru et devient de
» jour en jour plus fâcheux par sa continuité; d'ailleurs, la
» vue me baisse et l'oreille me devient dure; bien que j'aie
» la tête encore aussi bonne que jamais, je me sens tout bas
» et fort affaibli par rapport à ce que je me suis vu autre-
» fois. C'est ce qui fait que je n'ose plus me proposer pour
» des affaires difficiles et de durée qui demandent la présence
» presque continuelle de ceux qui les conduisent. Je n'ai
» jamais commandé d'armée en chef, ni comme général, ni
» comme lieutenant, pas même comme maréchal-de camp;
» et hors quelques commandemens particuliers, comme ceux
» d'Ypres, Dunkerque et la Basse-Bretagne, dont je me suis
» Dieu merci, bien tiré, les autres ne valent pas la peine
» d'être nommés. Tous mes services ont donc roulé sur les

» siéges et la fortification, de quoi, grâces au Seigneur, je
» suis sorti avec beaucoup d'honneur. Cela étant, comme je
» le dis au pied de la lettre, il faudrait que je fusse insensé
» si, aussi voisin de l'âge décrépit que je le suis, j'allais
» encore voler le papillon et rechercher à commander des
» armées dans des entreprises difficiles et très épineuses,
» moi qui n'en ai point d'expérience et qui me sens défaillir
» au point que je ne pourrais pas souffrir le cheval quatre
» heures de suite, ni faire une lieue à pied sans me reposer,
» Il faut donc se contenter de ce que l'on a fait, et du moins
» ne pas entreprendre choses dans l'exécution desquelles
» les forces et le savoir-faire, venant à me manquer, pour-
» raient me jeter dans des fautes qui me déshonoreraient,
» ce qu'à Dieu ne plaise; plutôt la mort cent fois !.... Quant
» à ce qui peut regarder mon ministère touchant la con-
» duite des attaques, je pourrais encore satisfaire, bien que
» mal, aux fatigues d'un siége ou deux, si j'étais servi des
» choses nécessaires et que l'on eût des troupes comme du
» passé. Mais quand je pense qu'elles ne sont remplies que
» de jeunes gens sans expériences et de soldats de recrue,
» presque tous forcés et qui n'ont nulle discipline, je tremble
» et n'ose me trouver à un siége considérable. D'ailleurs, la
» dignité dont il a plu au Roi de m'honorer m'embarrasse à
» ne savoir qu'en faire, et en de telles rencontres, je crains
» le qu'en dira-t-on de mes confrères; de sorte que je ne
» sais point trop quel parti prendre, ni comment me déter-
» miner. Je dois encore ajouter que je me suis défait de tout
» mon équipage de guerre, il y a quatre ou cinq mois, après
» l'avoir gardé depuis le commencement de cette guerre jus-
» que-là. Après tout cela, si c'est une nécessité absolue que
» je marche, je le ferai, au préjudice de tout ce que l'on
» pourra dire et de tout ce qui pourra en arriver; le Roi

» me tenant lieu de toutes choses après Dieu, j'exécuterai
» toujours ce qu'il lui plaîra m'ordonner, quand je saurais
» même y perdre la vie; et il peut compter que la très sen-
» sible reconnaissance que j'ai de toutes ses bontés ne s'épui-
» sera jamais ; la seule grâce que j'aie à lui demander , est
» de ménager un peu mon honneur. Je suis bien fâché,
» monsieur, de vous fatiguer d'une si longue lettre; mais je
» n'ai pu la faire plus courte. Je vous l'aurais été porter
» moi-même, si le rhume qui m'accable ne me contraignait
» à garder la chambre.

» Je suis , etc. »

Les circonstances de la guerre engagèrent le Roi à remettre le siége de Turin à l'année suivante , et ce ne fut que
le 13 mai 1706 que l'armée française commença à travailler
aux lignes de contrevallation et de circonvallation. Le 26 mai,
on ouvrit la tranchée; mais les travaux n'avançant que lentement, et Louis XIV, concevant des craintes sur le résultat
du siége, il manda le maréchal de Vauban pour en conférer
avec lui. Le maréchal, après avoir indiqué les vices des attaques, offrit d'aller servir sous la Feuillade comme simple
volontaire. « Mais vous ne pensez pas , dit le Roi, combien
» vos fonctions seraient au-dessous de votre dignité ? —Sire ,
» reprit - il , ma dignité est de servir l'État ; je laisserai le
» bâton de maréchal à la porte, et j'aiderai peut-être la
» Feuillade à prendre Turin. » Les offres de Vauban ne furent point acceptées.

Cependant, après cent cinq jours de tranchée, les Français, par suite de la perte de la bataille que leur livra le
prince Eugène (7 septembre 1706) sous les murs de Turin,
levèrent précipitamment le siége, abandonnant tout leur
matériel, à l'exception de quelques pièces de campagne. Ce

revers leur fit perdre l'Italie ; l'amour-propre de Vauban
éprouva une éclatante satisfaction, mais qui dut affliger
cruellement son âme patriotique.

Peu de temps avant le désastre de Turin, la France avait
éprouvé en Flandre le désastre de Ramillies (23 mai 1705),
qui aurait pu avoir des conséquences plus funestes encore.
Louis XIV, craignant que l'ennemi n'envahît la Flandre
maritime, envoya Vauban y commander (12 juin 1706), en
lui enjoignant de se jeter dans celle des places de son commandement qui serait assiégée. Vauban rallie les premiers
débris de l'armée que l'on put rassembler, met les places en
état de soutenir un siége, se retranche derrière l'Yper, et,
dans le même temps, fait construire, par douze mille pion-
niers, un camp retranché sous Dunkerque. Les difficultés
que présentaient les places de cette frontière, le nom de
Vauban peut-être, décidèrent sans doute Malborough à
changer sa ligne d'opération. Après avoir pris Ostende, il
quitta le bassin de l'Yper pour agir dans celui de la Lys. Ce
furent le dernier commandement et les derniers travaux
qu'exerça et que fit exécuter Vauban ; il fut rappelé à Paris,
où le Roi voulait le consulter, ainsi que je l'ai dit, sur la
marche des travaux du siége de Turin.

L'année suivante, le 13 mars 1707, il mourut d'une fluxion
de poitrine, avant d'avoir atteint sa soixante-quatorzième
année. Il n'eut pas la douleur de voir Dunkerque, son chef-
d'œuvre, démoli par des mains françaises, sous l'inspection
de commissaires anglais.

Le caractère de Vauban se trouve peint dans cet écrit,
par ses actions, par ses discours, par ses lettres, et je n'ai
point négligé d'en faire ressortir les traits lorsqu'ils se présentaient d'une manière saillante et incontestable. J'ajoute-
rai les réflexions suivantes.

La haute fortune de Vauban, la faveur du Roi , rien ne
t altérer les traits que la simple nature avaient gravés en
. Aucun homme d'état n'eut plus à cœur l'accomplissement
ses devoirs et la prospérité de la France ; sa haute vertu
son rare désintéressement désarmèrent l'envie, et lui con-
irent l'estime, même des hommes les plus disposés à mé-
e ; il fut l'ami de Catinat et de Fénelon. Le duc de Saint
mon, si avare de louanges, en parle avec un grand éloge,
en a tracé un portrait (1) que je crois devoir reproduire :
Vauban s'appelait Leprestre , petit gentilhomme de Bour-
ogne, tout au plus, mais peut-être le plus honnête homme
t le plus vertueux de son siècle, et avec la réputation du
lus savant homme dans l'art des siéges et de la fortifica-
ion, le plus simple, le plus vrai, et le plus modeste. C'était
n homme de médiocre taille, assez trapu, qui avait
ort l'air de guerre, mais en même temps un extérieur
ustre et grossier, pour ne pas dire brutal et féroce. Il
'était rien moins. Jamais homme plus doux , plus compa-
issant, plus obligeant, mais respectueux sans nulle poli-
esse et le plus avare ménager de la vie des hommes,
vec une valeur qui prenait tout sur soi, et donnait tout
ux autres. »
Vauban est jusqu'à ce jour, le plus grand ingénieur des
mps modernes; il n'a point inventé un nouveau système
fortification; il a employé, comme ses devanciers, le sys-
me bastionné ; mais il y a apporté d'utiles et d'impor-
ntes modifications, et les ingénieurs le louent de l'art avec

(1) *Mémoires complets et authentiques du duc de Saint-Simon , sur le
le de Louis XIV et la Régence.* Paris , 1829, tome III , page 434. Ce
en 1703 que le duc de Saint-Simon traça ce portrait, ainsi Vauban avait
rs soixante-dix ans.

lequel il a su, dans différentes places qu'il a fortifiées, disposer les ouvrages de la manière la plus favorable, en ayant égard aux circonstances du terrain. Son principal titre de gloire, comme ingénieur, est d'avoir inventé une nouvelle manière d'attaquer les places, d'avoir employé l'artillerie pour cet usage, et d'avoir ainsi donné un grand ascendant à l'attaque sur la défense. Il montra aussi dans la direction des travaux des siéges, c'est-à-dire dans l'application de sa méthode, selon les diverses circonstances de la fortification et du terrain, un talent qu'aucun ingénieur n'a égalé depuis. Ses efforts pour rendre à la défense ce qu'il lui avait fait perdre, ont été infructueux, et malgré le mérite de son *Traité de la Défense des places*, auquel il travaillait encore lorsque la mort vint le frapper, l'attaque a conservé l'ascendant qu'elle lui avait fait prendre. Ce changement me paraît d'ailleurs avoir été funeste aux peuples, puisqu'il favorise les invasions.

Je ne louerai pas Vauban, ainsi qu'on l'a fait, de la manière dont sont disposées toutes les places fortes accumulées sur la frontière du nord de la France; elles ont sans doute été construites sur des points importans, mais la plupart à différentes époques, par différens souverains, et elles n'ont été réunies que successivement à la France; ainsi, aucune pensée d'ensemble n'a présidé à leur construction. Sous Louis XIV, un général d'armée ne s'avançant qu'après s'être emparé des places, on pouvait dire qu'elles couvraient le pays, et l'on n'en pouvait trop avoir sur la frontière; depuis, le système de guerre a éprouvé de tels changemens que les places n'arrêtent plus l'ennemi; elles ne couvrent que ce qui se trouve sous leur canon. Et comme on ne peut les approvisionner toutes, il en résulte qu'en cas d'invasion une partie de ces places tombe au pouvoir de l'ennemi, que les autres deviennent inutiles, et que le théâtre de la guerre se trouvant transporté dans l'intérieur du pays, où il n'y en a point, l'accumulation des places fortes sur la frontière devient très nuisible. Vauban adopterait donc aujourd'hui une tout autre disposition.

Vauban laissa de nombreux manuscrits dont aucun, à l'exception de la *Dîme royale*, n'avait été imprimé de son vivant; on y reconnaît l'homme d'expérience, si différent de celui que les livres seuls ont instruit. Les manuscrits qui se trouvaient dans son hôtel à Paris, ou dans la citadelle de Lille, furent envoyés au dépôt des plans et papiers du Roi, et sont actuellement au dépôt des fortifications; tout ce qui se trouvait à Bazoches devint le partage de sa famille. Les manuscrits qui échurent à M. le marquis de Mesgrigny d'Aunay, l'un de ses gendres, se trouvent dans la biblio- thèque de M. le marquis Le Pelletier de Rosambo, son arrière-petit-fils; ceux qui échurent à M. le marquis d'Ussé, son autre gendre, sont perdus. Le *Traité de l'Attaque des places* et celui de la *Défense des places* ont été publiés de- puis sa mort.

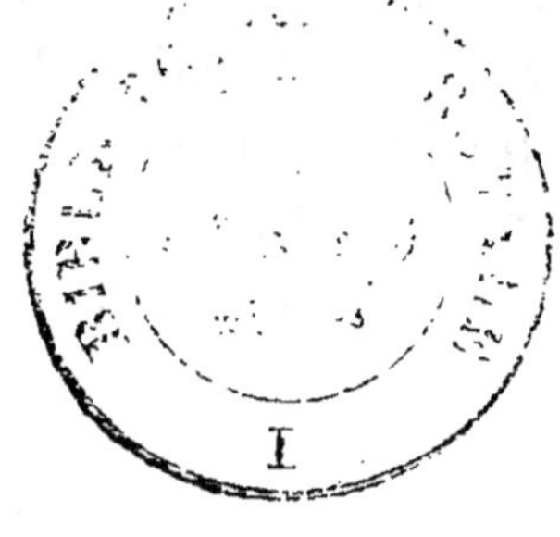

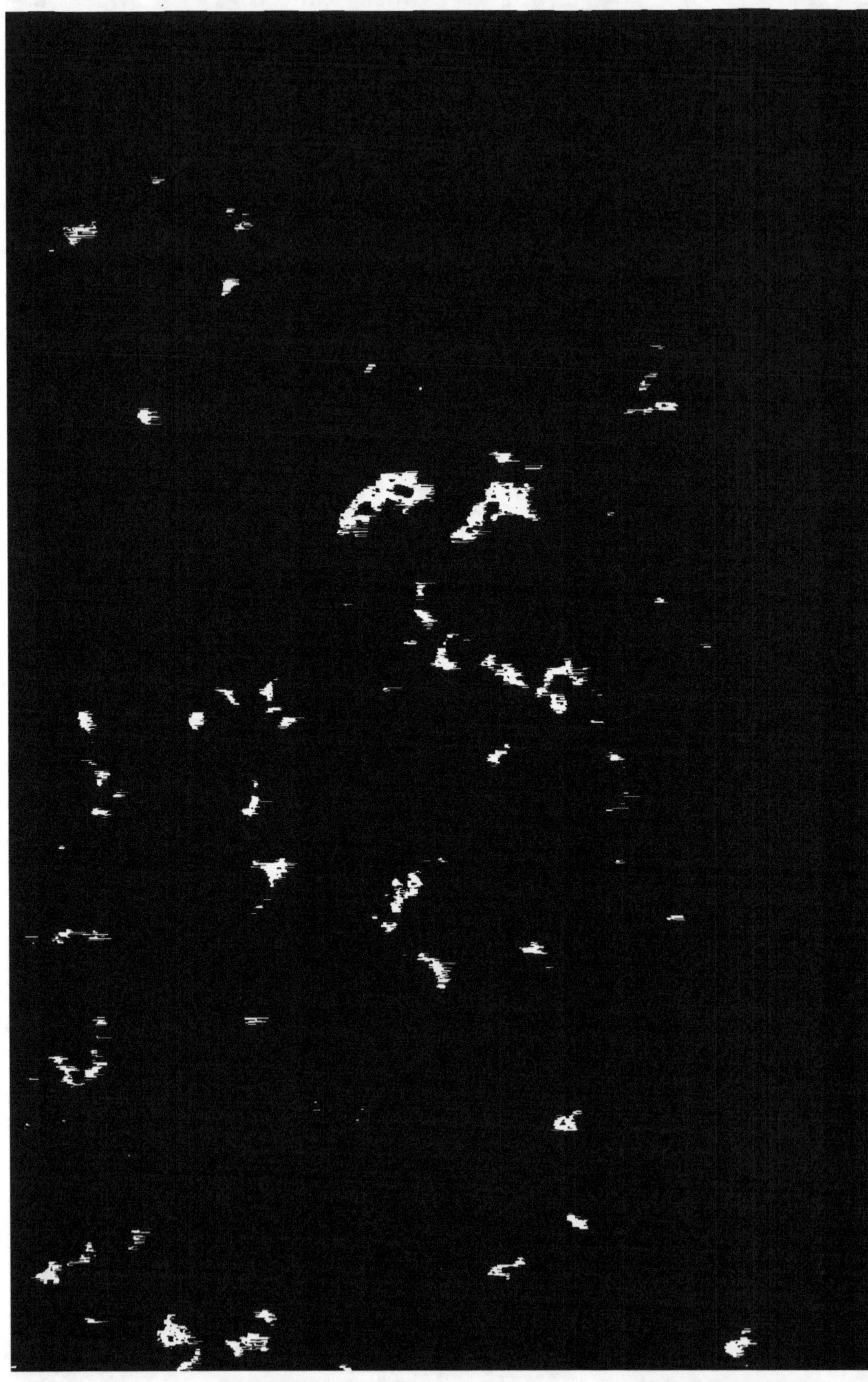